FÊTE SOLENNELLE

EN L'HONNEUR DE

# JEANNE D'ARC

# FÊTE SOLENNELLE



# JEANNE D'ARC

CÉLÉBRÉE LE 1er JUIN 1886

DANS

## LA CATHÉDRALE DE ROUEN

## ROUEN

IMPRIMERIE DE ESPÉRANCE CAGNIARD

88, rue Jeanne d'Arc, 88

—

1886

*en l'honneur de*

# JEANNE D'ARC

ROUEN vient d'ajouter une grande page au livre d'or de son histoire, en inaugurant avec éclat et piété ses hommages publics à la sainte mémoire de la libératrice de la France. La fête du 1er juin, où la religion a mêlé sa majesté aux splendeurs de l'art, où les plus profonds et les plus tendres sentiments du cœur ont trouvé leur digne expression, où l'admiration, la reconnaissance, l'enthousiasme, vivifiés par la foi, se sont traduits par des larmes ; une telle fête constitue un événement dont la postérité gardera le souvenir. C'est un acte de religion et de patriotisme tel que les peuples dignes de leur mission savent seuls les accomplir. Jeanne d'Arc célébrée, pleurée, glorifiée par l'éloquence, la musique, la poésie, au jour anniversaire de son martyre, dans la ville où s'éleva son bûcher, et dans l'antique et auguste Métropole de la Normandie, où viennent aboutir depuis tant

de siècles toutes les joies et toutes les douleurs nationales ;
Jeanne d'Arc présente à tous les cœurs, après plus de quatre
siècles écoulés, recevant de l'Archevêque de Rouen, de son
clergé, de tout un peuple palpitant des plus saintes émotions,
une solennelle et religieuse réparation : c'est là un des faits
les plus consolants que l'histoire puisse enregistrer, mais aussi
un de ces spectacles qui défient toute description.

Notre Cathédrale avait revêtu sa parure majestueuse des
grands jours. Ses nobles lignes architecturales, ses voûtes, ses
piliers, ses arceaux formaient à cette fête un cadre grandiose ;
le sanctuaire, tout ruisselant de lumières, appelait le regard et
la pensée à l'autel du Dieu vivant. Remplie dans toutes ses
parties par une foule recueillie, en habits de fête, le visage
radieux, la basilique, illuminée à certains moments par le
soleil envoyant à travers les vitraux ses rayons diaprés, semblait sourire elle-même à l'auguste cérémonie. Les dispositions
les plus intelligentes ayant été prises, et tout le monde ayant
conscience de la grandeur de l'acte qui allait s'accomplir, l'ordre
était parfait, le silence solennel.

On remarquait aux places d'honneur, M. le Préfet, M. le
Président du tribunal, M. le Général chef d'état-major, M. le
Général commandant la brigade et d'autres notabilités de
l'Administration et des Lettres, et, chose très touchante,
M. Renaudeau d'Arc, représentant la famille de la libératrice.

Des places gratuites avaient été laissées dans les deux transepts
à la foule, qui a été admirable de tenue et de recueillement.

Les puissantes harmonies du grand orgue, tenu par un maître,
M. Guilmant, ouvrent la cérémoine. L'orchestre et les chœurs,
comprenant quatre cents exécutants, placés sur une vaste estrade

élevée au bas de la grande nef, débutent par la belle *Méditation* de M. Ch. Lenepveu sur les paroles de Corneille. C'est justice. Le grand poète rouennais salue la grande martyre de Rouen. Il n'a pu, pendant sa vie, consacrer son génie à la glorifier ; du moins, après sa mort, quelques-uns de ses beaux vers serviront à la chanter. C'est un enfant de Rouen, Charles Lenepveu, qui a revêtu les accents du poète du splendide vêtement de la musique. Le chant est en situation. On va raconter tout à l'heure la vie et la mort d'une enfant envoyée de Dieu pour sauver la France. Le poète célèbre les miséricordes infinies de Dieu.

Nous avons analysé en son temps l'œuvre musicale qu'il nous a été donné d'entendre de nouveau à la Métropole. On sait que la *Méditation* s'ouvre par un chant triste et grave répété par un quatuor : *Seigneur, qu'est-ce que l'homme ?* Ces paroles, ce chant, ce gémissement sur la faiblesse et la misère de l'homme, nous ont frappé. Avant de voir se dérouler les scènes du martyre de Jeanne, au souvenir du rôle coupable joué dans ce crime par tant d'hommes éclairés, distingués, investis des plus hautes dignités, cette plainte sur l'homme nous a paru une préface opportune. Comment des hommes, et des hommes tels que les juges de Jeanne d'Arc, ont-ils envoyé à la mort une jeune fille céleste et sainte qui n'avait pas vingt ans ? Devant les profondes aberrations de ce procès, de ces haines politiques, de ce fanatisme insensé, il n'y a qu'à répéter, en effet, la plainte désespérée de Corneille, si bien exprimée par la musique sombre et étonnée : *Seigneur, qu'est-ce que l'homme ?...*

Les duos confiés à MM[mes] Cognault et Bignou, c'est-à-dire à des artistes d'élite, ont acquis toute leur valeur ; les chœurs et l'orchestre ont fait ressortir tout le sentiment et toute la puissance du chœur final, chant de triomphe et de gloire à la Trinité sainte.

Après ce premier cantique et cette première prière, Monseigneur l'Archevêque est monté en chaire. C'est au Pontife qu'il appartient d'abord de célébrer Jeanne d'Arc, c'est à l'éminent Archevêque de Rouen d'interpréter les sentiments de l'Eglise et de la patrie envers la céleste enfant. Au nom des siècles passés, au nom de ses glorieux prédécesseurs, au nom du clergé et du peuple, il louera et bénira en Jeanne d'Arc la grande Française, le modèle achevé de l'amour de la patrie, comme il avait, dans son précédent discours à la clôture du Congrès, loué et béni la grande croyante, la fille héroïquement fidèle de l'Eglise catholique. Monseigneur l'Archevêque a égalé ses accents à la grandeur de son sujet et à l'émotion de cette fête. Sa parole vivante, vibrante, inspirée, a fait tressaillir les âmes et a provoqué une admiration telle, que la sainteté du lieu en a seule empêché les manifestations extérieures. La foule, toutefois, n'a pu s'interdire, à certains passages, des frémissements enthousiastes; elle n'a pu retenir à certains autres des marques d'attendrissement. La grande voix qui parlait était l'écho de tous les cœurs, elle donnait un verbe aux puissantes émotions de la multitude. On lira plus loin ce discours. La chaleur pénétrante et les vives couleurs de l'action oratoire, qui a été très animée, lui feront défaut; mais il conservera la haute inspiration et la perfection littéraire qui en font une œuvre forte, splendide et durable.

L'émotion produite par ce discours se calme peu à peu, et c'est au milieu du plus profond silence et de la plus vive attention qu'on entend l'orchestre préluder par une introduction douce et pieuse à la trilogie de Jeanne d'Arc.

Ce qui frappe tout d'abord dans l'œuvre musicale de M. Charles Lenepveu, c'est son unité, forte et profonde, à travers les situations les plus diverses et les plus opposées. Comme les maîtres de l'art, il a choisi un thème simple et expressif, qu'il rappellera avec art dans toutes les parties de son drame religieux. Ce qu'on admire le plus ensuite, c'est l'intensité de la couleur donnée à toutes les scènes de l'action, couleur vraie et facile à saisir, puissante sans exagération, bien distincte sans oppositions forcées, fondue partout et harmonieuse comme dans les œuvres achevées. Tout se tient dans cette partition, tout est lié et soudé ; on y voit le fruit d'une science sûre d'elle-même, comme on y trouve les jets brillants d'une inspiration jeune et hardie, et une fougue, une énergie, une puissance de vie qui débordent. Les mélodies abondent dans la trilogie, mélodies neuves, personnelles, charmantes, venues sans effort et développées sans tout ce pédantisme d'une certaine école moderne. Plusieurs de ces mélodies se retiennent tout de suite et ne s'oublient plus.

Nous n'avons pas à constater ni à louer la science de l'harmonie que possède le brillant professeur du Conservatoire. Tout en appelant à son aide les combinaisons les plus raffinées, il reste clair et séduisant, il a le génie français fait de lumière et de bon sens ; certes, ce n'est pas lui qui ignore les ressources nouvelles que peut fournir la science raisonnée des sons, étudiée à fond de nos jours, ni celle des sonorités si multipliées de l'instrumentation moderne ; mais nous le louons d'être resté dans la mesure du goût et de la sobriété.

Son orchestration nous a paru supérieurement traitée ; et pour dire toute notre pensée, il y a excellé. Il a soigné tous les

instruments avec une attention et une compétence manifestes.
Pas une partie faible ni négligée. Violons, violoncelles, basses,
clarinettes, hautbois, bassons, cors, trompettes, trombonnes, ont
tous une part importante dans l'œuvre commune. Et c'est justice
de dire que les artistes et les amateurs composant l'orchestre se
sont acquittés à la perfection de leur tâche considérable. Quel
ensemble, quel entrain, quels sentiments délicats des nuances,
et quelle puissance dans ce magnifique orchestre ! Comme les
moindres intentions du maître ont été bien rendues ! Comme les
chants si variés, si multipliés dans toute l'échelle des instruments
ont été bien mis en dehors et fidèlement exprimés par cette
masse d'exécutants ! Mais suivons, autant qu'il est possible dans
un rapide compte-rendu, la marche de la trilogie.

Elle s'ouvre par un chœur de jeunes filles, d'une grâce, d'une
fraîcheur, d'une inspiration exquises. La mélodie de cette pasto-
rale est ravissante ; c'est une des plus belles perles de l'écrin du
poème ; on sent qu'on est

> sous le grand chêne
> Dont les rameaux ombragent la fontaine.

L'orchestre accompagne cet air champêtre avec des sons légers
et doux, où l'on distingue des effets de chalumeaux et d'instruments rustiques. Tout dans cette première page est frais et
souriant comme une aurore.

Les saints parlent à Jeanne d'Arc : sainte Catherine, dans un
récit d'alto confié à M<sup>lle</sup> Villedieu ; saint Michel, par la voix de
M. Bosquin ; sainte Marguerite, par celle de M<sup>lle</sup> Levasseur. Un
chœur céleste, accompagné par six harpes, appelle Jeanne. Cette
musique idéale donne à cette scène un caractère surnaturel et

émeut l'assistance. Les trois récitants s'unissent dans un magnifique trio plein de vigueur :

> Rends la France aux Français et le royaume au roi.
> Jeanne, au nom de Jésus, lève-toi, lève-toi !

Jeanne va parler. Elle a, dans tout le poème, pour interprète une admirable voix, une femme de grand talent, qui a mis au succès de cette solennité un dévouement dont nous devons la remercier et la bénir hautement, Mme A. Cognault, de Rouen. Tout, en effet, est rouennais dans ce solennel hommage : l'éminent orateur, le compositeur, le poète, les principaux interprètes, les chœurs, formés des hommes et des jeunes gens, des dames et des jeunes filles de notre ville, l'orchestre composé de l'élite et des amateurs de notre cité. Mme Cognault dit supérieurement la mâle résolution de Jeanne :

> Je vais où votre voix m'appelle,
> O mes saints..... La patrie est belle !
> Je dois vivre et mourir pour elle.

Puis elle exprime avec émotion la mélodie des adieux, qui reviendra plus tard, dans la scène du supplice, avec la douceur et la consolation des premiers souvenirs :

> Je pars..... Adieu, vous que j'aimais,
> Village où j'ai vu la lumière,
> Mes grands bois, ma douce chaumière,
> Mon vieux père et ma vieille mère,
> Je ne vous reverrai jamais.....

Cela est beau et touchant à faire couler les larmes.

Le trio des saints reprend, en contraste, le mode majeur et excite la Pucelle à la vaillance et à la confiance. Le trio s'élève graduellement à l'exclamation finale :

> Il est beau de combattre, il est grand de souffrir !

Jeanne chante un air de bravoure, avec un superbe élan :

> C'est fait..... J'appartiens à la France !

La musique est vibrante comme les paroles, l'orchestre a des flammes ; la première partie s'achève dans l'espérance et dans les résolutions magnanimes.

La seconde partie est consacrée à l'action. L'orchestre l'introduit par une marche brève et puissante.

Le récitant, M. Auguez, nous montre Jeanne à l'heure du triomphe :

> Entrant dans Orléans, qu'elle était grande et belle !

Ce récit, comme tous du reste, est d'une facture large, il est plein de souffle et de noblesse. Pas un lieu commun, pas une défaillance, pas une note qui ne porte et ne soit en situation. Comme dans la tragédie antique, le chœur intervient et complète le récit. On sent ici le souffle populaire dans les masses chorales qui saluent la vierge inspirée et célèbrent la délivrance de la patrie. Le ténor récitant introduit le souvenir du sacre de Reims ; mais, avant d'ouvrir la grande Cathédrale au cortège royal, le chœur donne, dans un chant émouvant, un salut aux plaines de Patay. On saisit, avec des frissons de patriotisme, ce rapprochement :

> Quatre siècles plus tard, des soldats dignes d'elle
> Voudront vaincre et mourir où vainquit la Pucelle.

Les héros de Patay méritent cet hommage. Jeunes comme Jeanne et vaillants comme elle, ils sont morts pour la France, et leurs ossements, qui ont blanchi depuis 1871 le champ de bataille de Patay, se trouvent confondus avec la poussière des preux compagnons de la Pucelle. Associés à la même œuvre, ils reçoivent même gloire. Ce beau chœur, sobre et mâle, admirablement interprété, a fait sensation.

Le récitant, M. Auguez, achève le tableau des exploits de Jeanne d'Arc et annonce la grande scène de la deuxième partie : *le Sacre de Reims*.

La musique imitative a déployé toutes ses ressources pour représenter l'auguste cérémonie du 17 juillet 1429. La grande voix du peuple va parler : les chœurs, l'orchestre, le grand orgue, les cloches (trois cloches fondues exprès et placées près de l'orgue), mêleront leurs efforts et leurs accents. Une marche triomphale accompagne le roi dans la basilique ; à son entrée, le chœur, le salue de ses vivats : Montjoie et Saint-Denis ! Noël, noël au roi ! La musique rend vivement les cris de la foule et l'allégresse universelle. Jeanne est aussi acclamée :

> Héroïque Pucelle, honneur et gloire à toi !

Les cloches sonnent leurs joyeuses volées ; le grand orgue joue dans une partie indépendante le *Te Deum* avec son harmonie archaïque ; l'orchestre poursuit la marche du sacre, et les chœurs répètent les acclamations du peuple : Montjoie et Saint-Denis ! L'effet est immense, grandiose, irrésistible. On croit rêver : notre vieille Cathédrale est-elle à son tour la basilique du sacre ? Si la France revoyait jamais un tel spectacle, on n'y

pourrait rien ajouter. O vision trop chère et trop tôt disparue !
En nous réveillant de ce songe enchanteur, nous pensions avec
angoisse que c'était l'heure où, dans une autre enceinte, on
mettait en question l'expulsion des derniers représentants de nos
rois !...

L'enthousiasme du sacre fait place à la belle scène où Jeanne
déclare au roi que sa mission est achevée. Le poète a serré de
près les paroles historiques ; la musique leur donne, dans la
bouche de M^{me} Cognault, un charme et une mélancolie indi-
cibles. Il faut citer ici. Qu'on imagine sur ces paroles une mélodie douce, triste, pénétrante, on comprendra les larmes qui
ont mouillé à ce moment bien des yeux :

> Gentil roi, sur ton front coula l'huile bénie.
> Dieu m'a jusqu'à ce jour conduite par la main.
> Mais je sens, maintenant, ma mission finie.
> Laisse-moi de mes bois reprendre le chemin.

L'orchestre redit le motif principal de l'oratorio et rappelle
les visions célestes dans des modulations exquises. Jeanne
continue :

> Mes vieux parents, courbés par la peine et par l'âge,
> Près du foyer désert attendent mon retour.
> Laisse-moi, gentil roi, revoir mon doux village,
> Revoir ma chère église avec sa blanche tour.

Les harpes mêlent leurs arpèges séraphiques au chant de la
jeune fille :

> Là, je redeviendrai la petite bergère,
> L'humble fille des champs, filant et priant Dieu.
> Mes compagnes bientôt oublieront la guerrière.
> Toi seul t'en souviendras, mon bon seigneur.... Adieu !

Cette scène, pleine de douceur et de mélancolie, contrastant avec les splendeurs et les acclamations de la précédente, excite au plus haut point l'émotion, soutenue qu'elle est par une harmonie imitative qui décuple l'expression des paroles. Le roi se refuse aux désirs de Jeanne, elle cède à regret :

> Un voile maintenant couvre ma destinée.
> Je voudrais le percer, et je ne le peux pas.

L'orchestre exprime les pressentiments douloureux dont Jeanne s'est faite l'interprète :

> Où vais-je ? A la victoire ou bien à la souffrance ?

Les dernières phrases de l'orchestre, presque gémissantes, préparent à la dernière partie du drame, au martyre.

Le spectacle offert à ce moment par l'immense assemblée est touchant à contempler. Tout le monde a en mains le poème de M. Paul Allard et suit attentivement les paroles. Involontairement, et par suite de l'émotion produite par ces grands souvenirs et le charme pénétrant de la musique, tous les fronts sont devenus graves ; on n'assiste plus à une audition, on se recueille comme pour l'accomplissement d'un devoir religieux. Chacun descend en son âme et veut prendre sa part de la réparation solennelle, objet principal de cette cérémonie. Le caractère que prend à cette heure l'imposante réunion est tout spécial et comme imprévu. Les scènes que nous allons décrire sont écoutées comme on écoute un office, avec un respect religieux, un saint recueillement, une émotion poignante, croissante et sacrée. Nul cœur ne peut s'en défendre. Tel qui était venu pour assister à une fête, se sent transformé, purifié par les larmes, et sent qu'il accomplit un acte religieux. L'émotion gagne les exécutants ; ils mettent leur âme dans leurs instruments, il n'y a plus dans la vaste enceinte et dans les six mille poitrines qui battent à l'unisson, qu'une seule âme, l'âme de Rouen qui lave de ses larmes et de sa tendresse la tache du 30 mai 1431.

L'orchestre prélude douloureusement au drame, les cloches sonnent le glas, les tambours voilés marquent une marche funèbre, le récitant dit :

> Ecoutez du beffroi les tintements sinistres,
> Les clameurs de la foule et ses grondements sourds,
> Ecoutez ces affreux roulements de tambours.
>
> . . . . . . . . . . . . . . .
> L'épouvante et l'horreur pèsent sur la cité.

Et le chœur répète le sinistre récit. Les récitants, basse et alto, racontent les scènes du martyre ; un quatuor de récitants ajoute aux détails douloureux, interrompus par les cris de la masse chorale : A la mort ! au bûcher !

> Mais la rumeur grossit comme une mer : les rues
> S'emplissent du fracas des hordes accourues,
> Du lourd bruit des archers marchant en rang serrés
> Et du piétinement des chevaux effarés.

L'angoisse vous étreint par degrés sous ces notes sombres, soulignées par un orchestre imitatif. Les voix graves d'une basse et d'un alto, M. Auguez et M^me Bignou, racontent avec des accents qui donnent le frisson :

> On entend un silence effrayant.... et l'on voit
> Passer une charrette où se tiennent, tout droit,
> Une femme qui pleure, et près d'elle un vieux prêtre.

Tous, à cette heure, voient Jeanne sur sa charrette fatale, dans sa blanche tunique de condamnée. Cette funèbre image remplit la Cathédrale et fait oublier tout le reste. Elle est seule, planant par-dessus la foule ; elle est plus grande que les grandes voûtes ; elle envahit toutes les pensées et tous les cœurs.

L'orchestre exécute alors une marche funèbre où l'on entend les notes terribles du *Dies iræ* clamées par les cuivres. Quelle scène ! quelle vision ! quelle douleur !

> Tous ont courbé le front en la voyant paraître,
> Et plus d'un Anglais même, en tombant à genoux,
> Dit avec des sanglots : Jeanne, priez pour nous !

Le chœur interrompt l'émotion, devenue trop violente, par cette prière qui repose un instant : « Jeanne, priez pour nous ! » Et voici Jeanne qui va parler. Sa douce voix a des accents qui ne sont plus de la terre. Les six harpes l'accompagnent de leurs sons angéliques. C'est l'*arioso* attendrissant de la partition, l'œuvre poignante, celle que répéteront désormais mille voix de jeunes filles. L'artiste y a mis tout son cœur, comme le poète. Soyez bénis tous deux ! Votre chant est digne de l'autel, et c'est à son ombre qu'il faut le placer :

> Ah ! Rouen, seras-tu ma dernière demeure ?
> Ah ! Rouen, est-ce ici que je devrai mourir ?
> De ta sainte promesse, ô mon Dieu, voici l'heure.
> Mais je suis faible encore, et je crains de souffrir.
> Je n'ai pas vingt ans, et je pleure....

Saint Michel et saint Gabriel l'encouragent de leurs voix. Elle les entend. Les harpes reprennent les chants célestes, l'orchestre rappelle le motif exquis et doux qui a ouvert le poème à l'heure

des premières apparitions. Ce sont tous les frais et pieux souvenirs de Domrémy qui reviennent. Jeanne chante :

> Mes voix..., ce sont mes voix !... douces voix que j'implore,
> O saints du paradis, que je n'entendais plus,
> Je vous retrouve enfin....

Tout ce qu'il y a de tendre en l'âme humaine est conquis et
subjugué, on ne se défend plus des larmes ; elles coulent silen-
cieuses et douces avec les chants des saintes, sainte Marguerite
et sainte Catherine, qui placent sur la tête de l'enfant le lis des
vierges et la palme des martyrs. Et Jeanne grandit à la taille des
héros et des saints. Elle affirme dans sa mort sa divine mission :

> Non, mes voix ne m'ont pas trompée !

Le poëte et l'artiste sont dignes de l'histoire dont ils rendent
l'auguste vérité. Jeanne exhale son amour avec son dernier
soupir :

> O prêtres, pouvez-vous me donner une croix ?
> Je veux de mon Jésus contempler le visage,
> Je veux de mon Sauveur baiser encor l'image
>      Pour la dernière fois !

Que dirons-nous ? Nous pleurions avec la foule. Cette scène
de la mort est au-dessus de toute parole. Impossible de la peindre.
Un récitant la complète dans tous ses détails, d'une exactitude
rigoureuse. Le chœur intervient pour répéter la parole des
Anglais :

> Nous brûlons une sainte !

A ce moment, le ciel s'unit à la terre dans la scène inexprimable de l'extase. Les harpes modulent un cantique sacré ; les saints disent : Jeanne ! Jeanne ! Un chœur céleste reprend : Jeanne ! Jeanne !... C'est le paradis qui s'ouvre à la grande victime. La musique est tellement idéale, qu'on ne peut même en donner par des mots la moindre image. Citons les vers. Jeanne chante :

> Seigneur, pardonnez-moi, car je pardonne à tous !
> Je comprends maintenant combien mourir est doux !
> Et Jésus, sur la croix conservant son sourire,
> Appelle dans ses bras la pauvre enfant martyre !
>
> Mais quoi ! la flamme monte, et je vois tout en feu...
> Est-ce l'aube déjà des clartés éternelles ?
> A mon cœur défaillant je sens pousser des ailes...
> Mon âme se détache... et s'envole vers Dieu...

Le chœur n'a plus qu'à prier. Il le fait dans un chant pénétrant, triste comme un sanglot et doux comme une prière.

> Pour nous pauvres pécheurs, ô Jeanne, priez Dieu.

Si nos ancêtres du XVe siècle ont eu des défaillances ; si quelques-uns, par peur, ont trempé dans le crime, nous avons expié leur faute... et Jeanne a pardonné ! Vous nous avez vus, céleste enfant, vous avez vu Rouen assemblé dans sa vieille Cathédrale pour vous glorifier et vous bénir. Vous avez vu son Archevêque pleurant, ses prêtres et l'élite du son peuple pleurant ; vous avez vu combien vous êtes aimée, et quelle place vous tenez dans nos cœurs ! Oh ! Jeanne, priez pour nous !

Le récit et les chœurs expriment ces sentiments, et dans les magnifiques strophes que les voix et l'orchestre s'en vont déroulant avec toutes les brillantes et puissantes ressources de l'harmonie, dans l'acclamation finale, il y a toute l'ardeur d'une prière nationale, toutes les flammes d'une invincible espérance :

> Achève ton ouvrage,
> Et garde d'âge en âge
> Notre vieil héritage
> D'honneur, de liberté...
>
> .   .   .   .   .   .   .   .   .   .
>
> Pour refaire, ô vaillante,
> Une France croyante
> Et brave comme toi !

Le grand poème est terminé. Jeanne a reçu du Rouen chrétien tous les témoignages de reconnaissance et de vénération.

Nous voudrions exprimer ici notre reconnaissance à Monseigneur l'Archevêque, à la féconde initiative et à la piété duquel nous devons cette fête si glorieuse pour Rouen ; à M. Paul Allard, l'auteur dignement inspiré du poème de *Jeanne d'Arc ;* à M. Charles Lenepveu, l'éminent compositeur qui a mis son âme et son merveilleux talent au service de cette œuvre sacrée. L'Église, qui est une grande école de reconnaissance, l'en a récompensé par la main de Sa Sainteté Léon XIII, ce magnifique protecteur des lettres et des arts, qui a daigné accorder, à la demande de Monseigneur l'Archevêque, la croix de commandeur de l'ordre pontifical de Saint-Grégoire le Grand à M. Charles Lenepveu. Honneur et reconnaissance aussi à M. Guilmant, qui a consacré son grand talent de compositeur et d'organiste à notre solennité ; à M. l'abbé Bourdon, maître de la chapelle de la Métropole, sur qui a pesé tout le poids de l'organisation et de la préparation de cette fête, et qui y a

dépensé pendant deux mois son zèle, son talent, ses forces !
Honneur et reconnaissance à Mesdames Cognault et Bignou,
aux solistes, aux chœurs, à l'orchestre, à tous ces collaborateurs dévoués, dont le temps, les soins, le cœur, ont été consacrés, sans se lasser un instant, à l'œuvre commune ! Merci à
la presse locale qui a aidé, par son concours bienveillant, au
succès de cette manifestation de la religion et du patriotisme !
Merci à tous !

Nous voici à la dernière partie de la solennité. C'est par la
prière, par l'acte le plus auguste de la religion, l'adoration au
très saint Sacrement, qu'elle doit se terminer. Monseigneur
l'Archevêque donne à l'immense assemblée la bénédiction
papale, grâce précieuse qu'il a obtenue à Rome de Sa Sainteté
Léon XIII, dans son dernier voyage. Puis Monseigneur officie
au Salut, qui doit couronner cette fête et mettre le sceau à son
caractère religieux. Toute l'assistance est à genoux en présence
du Dieu vivant dans l'Eucharistie, et écoute avec piété les beaux
chants *O salutaris* et *Tantum ergo* de M. Alex. Guilmant.

Après la bénédiction du très saint Sacrement éclate le chant
traditionnel de notre Métropole, le *Christus vincit* aux acclamations douze fois séculaires, l'hymne de jubilation compagne de
toutes nos grandes démonstrations de foi. Le *Christus vincit* a
été orchestré et harmonisé pour cette solennité par M. Guilmant.
Il a conservé l'antique mélopée comme thème principal, puis il
a varié les acclamations au Souverain Pontife, à Monseigneur
l'Archevêque de Rouen, au clergé et au peuple chrétien, avec
toutes les ressources de la composition musicale. Chacune de
ces acclamations est une œuvre mélodique et harmonique
achevée, du plus brillant et du plus religieux caractère. Les

vœux qui terminent la prière liturgique, *tempora bona veniant, pax Christi veniat, regnum Christi veniat,* donnent lieu à une fugue magistrale où se déploient toute la science et toute l'inspiration du compositeur. Le chœur, l'orchestre et le grand orgue, reprennent en terminant les acclamations, *Christus vincit, Christus regnat, Christus imperat,* et, dans une page éblouissante, atteignent, par une marche ascendante, par intervalles savamment gradués, aux dernières limites de la force, de la puissance et de la splendeur. C'est l'extrême effort de l'expression humaine, c'est aussi le dernier mot de cette fête couronnée dans la foi et dans l'amour du Christ Jésus, le seul Sauveur, le seul maître, le seul espoir de l'humanité.

L'abbé Julien Loth.

# DISCOURS

DE

S. G. MONSEIGNEUR L'ARCHEVÊQUE

MES FRÈRES,

LA France ne marche, ni ne tombe, ni ne se relève comme les autres peuples. Soit pour le châtiment, soit pour le pardon, Dieu intervient si visiblement dans ses destinées, qu'on l'a nommée à juste titre le royaume de la Providence. Aussi, à toutes les époques les plus critiques de son histoire, quels secours inespérés, et, après d'effroyables désastres, quelles merveilleuses résurrections ! C'est le caractère de sa nationalité qu'elle résiste aux chocs les plus terribles du dedans et du dehors, qu'elle se retrempe au milieu des épreuves, qu'elle surabonde d'une vie nouvelle, au moment où tout semblait perdu, où l'on croyait sa gloire éteinte et sa force brisée.

L'intervention de la Providence ne s'est jamais révélée avec plus d'éclat que dans la mission de Jeanne d'Arc. Là, en effet, tout est de Dieu : l'appel des voix d'en haut à l'humble bergère, les victoires de l'héroïne inspirée, le supplice infligé à la victime comme une suprême défaite, et qui s'est changé en un suprême triomphe. Donc, avant tout, gloire à Dieu ! Lui seul a fait cette merveille : *Qui facit mirabilia solus.* Gloire à Dieu ! Voilà dans ce magnifique concert la note dominante de toutes les harmonies, la pensée qui a inspiré les accents émus du poète, le génie des artistes, l'enthousiasme de toute la cité ; voilà le cri d'admiration et de reconnaissance qui va s'échapper de nos lèvres et de nos cœurs, qui passera triomphant sous les voûtes de l'antique Cathédrale et fera tressaillir cette immense assemblée.

Gloire aussi à Jeanne d'Arc pour toutes les vertus qui ont resplendi dans son âme et dans sa vie ! Un jour, en posant sur son front la double auréole de la virginité et du martyre, l'Église célébrera sa fidélité héroïque à imiter l'adorable modèle, Notre-Seigneur Jésus-Christ. Mais il y a un trait de l'idéal divin qu'elle a reproduit avec plus de perfection ; il y a un rayon du cœur de Jésus qu'elle a reçu dans son cœur, plus lumineux et plus ardent ; ce trait distinctif de sa sainteté, ce rayon, cette flamme qui imprime à sa physionomie modeste et fière une incomparable beauté, c'est l'amour, le culte de la patrie.

Qu'est-ce donc qu'une patrie ? Je réponds d'un mot : C'est la famille agrandie.

Habiter sur le même sol, s'asseoir au même foyer, aimer et prier aux pieds des mêmes autels, vivre avec les êtres les plus chers dans une parfaite communauté de souvenirs, d'espérances et d'intérêts, dormir ensemble le sommeil de la tombe, après avoir voyagé sous le même ciel en se donnant la main, c'est la famille, ce jardin du cœur où naissent les fleurs les plus embaumées, où mûrissent les fruits les plus exquis des affections humaines. Eh bien ! étendez le cercle des affections jusqu'aux limites qui circonscrivent le territoire d'un peuple, vous avez la patrie, c'est-à-dire la famille nationale, dont tous les fils doivent partager la bonne ou la mauvaise fortune; qui a son nom propre, ses traditions de vertu et d'honneur, ses foyers et ses autels, ses deuils et ses fêtes, son riche patrimoine composé des épargnes du travail des siècles, des monuments de la science et des arts, des chefs-d'œuvre du génie, des exemples et de la gloire des aïeux.

La patrie est donc la société des choses divines et humaines, la grande amitié. Plus que cela encore, la patrie est une personnalité vivante, un être réel et sacré qu'on aime et à qui on se dévoue; car, disait notre vieux Roland, « il faut savoir pour son pays souffrir grands maux, endurer le chaud et le froid, perdre de son sang et de sa chair. »

Tel était le patriotisme de Jeanne d'Arc. Elle a aimé passionnément la France. Or, aimer, c'est se donner, c'est souffrir, c'est mourir.

Et d'abord, pour aimer son pays, autant qu'elle était saintement jalouse de l'aimer, il fallait un cœur pur, délicat, dévoué sans partage et pour toujours. Jeanne sera donc la fiancée virginale de la France. C'est dans la conversation des anges et des saints qu'elle médite les mystères de sa vocation. Elle passe sur la terre comme une apparition presque divine ; et, quand elle meurt, on voit son âme voler au ciel, sous la forme d'une blanche colombe. J'oserai même la comparer à un ange qui remonte vers Dieu, après avoir apporté aux hommes un message de paix et de gloire.

Entre la France et Jeanne d'Arc, quelle harmonie de caractère et de goûts ! N'ont-elles pas l'une et l'autre le respect et la religion du malheur, les tendresses et les héroïsmes du dévouement, les sublimes élans et les susceptibilités de l'honneur ? Oh ! que

Jeanne est bien Française avec son ferme bon sens, ses vives saillies, sa gaieté spirituelle et railleuse, son amour du péril, son audace et son beau cri de guerre : « En avant, en avant, tout est vôtre ! » Qu'elle est bien Française, lorsqu'elle descend de cheval pour relever un ennemi blessé, soutenir sa tête défaillante, le soigner et le consoler ! Ne reconnaissez-vous pas tout à la fois ces deux types si français, la sœur de charité et le soldat : la sœur de charité héroïque et sublime, presque sans le savoir, sur tous les champs de bataille de la douleur ; le soldat impétueux dans l'attaque, joyeux sous la mitraille, terrible dans la mêlée, bon et généreux après la victoire, s'élançant au secours d'un blessé avec le même entrain qu'il mettait tout à l'heure à emporter une redoute, à gravir sous le feu un chemin escarpé ?

En donnant à la France tout son cœur et en s'identifiant avec elle pour mieux la servir, Jeanne d'Arc pensait à la destinée providentielle du peuple que Dieu a choisi pour être l'exécuteur spécial de ses volontés, l'auxiliaire le plus dévoué de son Église, le chevalier toujours prêt à combattre au premier rang les bons combats de la justice et de la vérité. « Gentil Dauphin, disait-elle à Charles VII, le Roi des cieux vous mande par moi que vous serez sacré et couronné à Reims pour être son lieutenant au royaume de France. » Et si elle aime tant son étendard, où elle a fait peindre l'image de Dieu, maître du monde, et celle du Sauveur, c'est qu'il figure à ses yeux la mission de la France. Elle aime assurément son épée, mais « quarante fois plus son étendard ». L'épée est l'emblême de la force; la bannière est le symbole du droit qui prime la violence, de l'honneur national restauré, de la liberté reconquise; c'est le signe de la civilisation chrétienne. Aussi, au sacre de Reims, comme sous les murs d'Orléans, l'héroïne tient son étendard et le presse sur son cœur. Elle a voulu, elle a exigé qu'il fût à l'honneur, après avoir été à la peine, pour montrer à tous que non seulement elle était venue rendre le royaume au roi, mais encore la France à elle-même et à Dieu.

Aimer, c'est se donner ; aimer, c'est souffrir.

Les voix du ciel ont dit : « Fille de Dieu, va, je serai avec toi. » Elle obéit donc, elle va. Mais, avant le départ, écoutez ces accents étranges : « J'aurais cent pères et cent mères, je devrais user mes jambes jusqu'aux genoux, que je partirais. — Je ne puis durer où je suis. — Partons aujourd'hui plutôt que demain, plutôt demain qu'après. » Voilà bien cet amour divinement passionné, dont il est écrit : « Il court, il s'élance, il a des ailes ; aucun obstacle ne l'arrête, aucun péril ne l'épouvante. Il tente même l'impossible, car il croit tout possible et tout permis. »

Jeanne cependant aime plus qu'elle - même son vieux père, sa vieille mère, ses frères, ses sœurs et les compagnes de son enfance. Elle aime ses prairies, ses bois, sa chapelle, les bords riants de la Meuse, les sentiers où elle a rêvé, espéré, souffert ; elle aime jusqu'à « ces buissons où toute sa jeunesse, comme un essaim d'oiseaux, chante au bruit de ses pas ». Mais c'est la volonté de Dieu, c'est la loi du cœur : il faut aimer la patrie plus que la famille, plus que le village ou la cité qui ont abrité notre berceau, plus que la maison paternelle, doux nid des premières affections, plus que la terre natale à laquelle nous tenons par des fibres si délicates, par tant de racines mystérieusement entrelacées.

Comment d'ailleurs Jeanne pourrait-elle hésiter ? On lui a dit qu'il y avait *grande pitié* dans le royaume, que la France était toute sanglante et mutilée, foulée aux pieds de l'étranger, abandonnée par des lâches et des traîtres, déchirée par les factions. Hélas ! il y a quinze ans, s'est dressée devant nous cette vision de la patrie humiliée, vaincue, mais souverainement belle dans ses malheurs, encore plus que dans ses anciens triomphes. Quelle tristesse, quel deuil dans nos âmes, lorsque nous avons vu le drapeau de la France fléchir et tomber sur les champs de bataille ; lorsqu'il a fallu acheter la paix, non seulement avec des monceaux d'or, mais encore par la mutilation de notre sol, dépôt deux fois sacré que nous avions reçu de Dieu et de nos pères ! Quelles angoisses pour notre patriotisme indigné, lorsqu'on nous a parlé de ces hommes amoindris, de ces énervés que les défaites de la patrie n'humilient pas, et que l'espoir des glorieuses revanches laisse indifférents ; race sans entrailles qui n'aime plus la patrie, parce qu'elle n'aime pas Dieu. Mais une telle race ne saurait se multiplier sur la terre de France. Nous avons donc été consolés par le spectacle de tant de vaillants qui ont su « perdre de leur sang et de leur chair », plutôt que de trahir la fidélité à leurs serments, l'honneur du drapeau, le culte de la patrie. C'est un de ces héros qui, à Patay, sur le champ de bataille immortalisé par la Pucelle, a jeté ce cri d'une bravoure surhumaine : « Demandons à Dieu qu'il nous fasse la grâce de mourir comme doit finir un chrétien, les armes à la main, les regards au ciel, la poitrine en face de l'ennemi, et avec le cri de vive la France ! En partant pour l'armée, je me suis condamné moi-même à mort. Dieu me fera grâce, s'il le veut, mais je l'aurai tous les jours dans mon cœur, et le bon Dieu, vous le savez, ne capitule jamais, jamais ! »

Donc, pour l'amour de Dieu et de la France, Jeanne ira au devoir et au sacrifice, à travers les hasards de la vie des camps, les malédictions des Anglais, les railleries de ses compagnons d'armes, la malveillance jalouse de plusieurs princes, l'ingratitude même du roi. Que de rudes labeurs ! que d'amertumes ! Mais elle souffre pour la France, et « son âme en est merveilleusement réjouie ». Elle oublie ses propres douleurs, pour ne songer qu'à celles de la patrie. « Jamais, dit-elle un jour, je n'ai vu couler le sang de France sans que les cheveux ne se levassent sur ma tête. » Et au duc de Bourgogne vendu à l'Angleterre, elle adressait les prières les plus touchantes, le conjurant de s'unir à Charles VII. « Ce sera, lui écrivait-elle, grande pitié de la grande guerre et de tout le sang qui sera répandu, car ce sera le sang de France. »

Le sang de France, quelle admirable expression !

En personnifiant la patrie, elle la fait vivre et palpiter sous nos yeux. Le sang de France, c'est-à-dire le sang versé tant de fois pour la cause du Christ et de l'Eglise, le sang des héros et des saints, des races illustres et des familles obscures, le sang de ce grand peuple, soldat de Dieu, qui avait droit de s'appeler en tête de ses lois et que Léon XIII a salué naguère : « *la très noble nation des Francs*, forte par les armes, fidèle dans les alliances, profonde dans les conseils, pleine de franchise et de grâce, vierge d'hérésie, » avant sa conversion, et que, depuis son baptême, rien n'a pu détacher du centre divin de l'unité.

Or, quand parut la grande libératrice, ce sang autrefois si fécond coulait depuis un siècle, et il demeurait stérile. Que fallait-il donc pour qu'il devînt un principe de salut, une source de vie et de résurrection ? « J'ai été envoyée, répond Jeanne d'Arc, pour relever le sang de France. » Et dès les premiers combats elle commence l'holocauste de la régénération et du rachat de sa patrie. Les voix célestes l'ont avertie qu'elle serait blessée à l'attaque du pont des Tournelles. N'importe ! rien ne peut la retenir, elle s'élance à l'assaut ; une flèche l'atteint ; elle tombe et pleure, mais elle offre ses larmes, et avec ses larmes son sang, du *vrai sang de France,* pour la délivrance d'Orléans, prélude heureux de l'affranchissement de son pays.

. Aimer, c'est se donner, c'est souffrir ; aimer, c'est encore mourir.

Le Sauveur lui-même, dans le sacrifice offert sur la croix pour toute l'humanité, est mort spécialement pour sa nation, *pro gente suâ.* Ainsi Jeanne d'Arc a aimé la France. Elle l'a aimée dans les cachots, sur le bûcher, au milieu des flammes ; elle l'a aimée jusqu'à la fin, jusqu'à l'excès. Mais pour elle, comme pour le Rédempteur, la mort a été la grande victoire ; les souffrances et les opprobres ont été des couronnes. Ah ! regardez. Les vaincus, dans ce dernier combat, ce sont les juges, les bourreaux, tous ces infâmes ; la victorieuse, c'est elle, la désarmée, la délaissée, l'agonisante. Les vaincus, eux qui tuent ; la victorieuse, elle qui meurt.

Que voulaient-ils ? Déshonorer sa gloire, et voilà qu'ils l'ont élevée si haut, qu'elle domine toutes nos gloires nationales. Après quatre siècles, la France a pour Jeanne d'Arc des tendresses et des fiertés de mère ; le monde entier l'admire et nous l'envie ; l'Église lui prépare des autels. Et nous, aujourd'hui, sur le théâtre même de sa mort, nous lui décernons un triomphe.

Que voulaient-ils ? Effacer le caractère divin de sa mission. Mais ils ont entendu cette protestation de la mourante : « Non, je ne me suis pas trompée, mes révélations étaient de Dieu. » Ils tremblent et ils pleurent en s'écriant : « Nous sommes perdus, nous avons brûlé une sainte. »

Que voulaient-ils encore ? Anéantir son œuvre. Lorsque Jeanne affirmait devant ses juges le droit de la France à demeurer elle-même libre et souveraine : « Faites-la taire, s'écriaient-ils, faites-la taire. » Mais vous ne savez donc pas que ces voix qui bravent la mort ne se taisent jamais ? Elles se font dans le monde des échos immortels, et le privilège des martyrs, c'est de rendre invincibles les causes pour lesquelles ils meurent. Or, l'indépendance d'un peuple est chose inviolable, sacrée; car Dieu lui-même a dessiné la carte du globe. Voilà une vérité que Jeanne d'Arc a inscrite dans le droit public des nations. Elle a consacré à jamais par sa mort les principes de la justice sociale; elle a montré que la force et l'habileté des hommes ne peuvent pas disposer des peuples au gré de leurs caprices, que tôt ou tard les races opprimées, les nations en deuil trouvent au ciel un vengeur, et que les territoires séparés par la violence ou la diplomatie se rejoignent et rentrent dans le système politique et géographique de Dieu.

« Quand il y aurait cent mille Anglais, avait dit Jeanne d'Arc, ils seront tous *boutés* hors du royaume. » C'est la délivrance commencée par ses victoires et que son martyre achève. Des cendres du bûcher de

Rouen s'élève une force vengeresse qui s'attache aux pas de l'ennemi, pour le chasser de ville en ville vers l'Océan et par delà les flots de l'Océan. La France alors devient une vraie nation, indépendante et forte. Elle reprend dans le monde cette suprématie de dignité et d'influence dont elle a reçu les titres au baptistère de Reims avec Clovis, sur le tombeau des saints Apôtres avec Charlemagne; et quand elle arrive à l'apogée de sa gloire avec Louis XIV, tous les peuples à l'envi la saluent reine de la civilisation.

Et maintenant, ô France, puisque Dieu t'a jugée digne d'être aimée d'un tel amour et rachetée d'un tel sang, tu es immortelle, et je salue ton avenir d'un regard rayonnant d'espérance.

Il est vrai, un double chemin s'ouvre devant toi : l'un où t'appelle Jeanne d'Arc, l'autre où veut t'entraîner le mauvais génie qui t'obsède, depuis la nuit sanglante de 93, et qui a écrit dans tes annales tant de pages pleines de honte et de larmes.

Tu es libre, tu peux effacer de ton front le signe du baptême et trahir ta vocation providentielle quatorze fois séculaire ; tu peux, enivrée par l'orgueil, emportée par l'amour effréné des jouissances matérielles, abattue par les forces sauvages de la Révolution, et rongée par l'égoïsme, mourir de cette mort sans gloire des peuples usés de scepticisme et de corruption, la mort de Sparte et d'Athènes sous l'épée d'Alexandre, de Rome sous la hache des barbares, de Constantinople sous le cimeterre de Mahomet. Ah ! songe que peut-être tes vainqueurs d'hier envient ton ciel privilégié, la richesse de tes fleuves, les rivages de tes mers, la beauté de tes champs, les merveilles de ton art et de ton industrie. Prends garde aussi à tous les écueils contre lesquels le navire qui porte ta fortune se briserait inévitablement, si tu abordais à cette côte inhospitalière où des pirates attendent le coup de vent de la tempête et les épaves du naufrage.

Mais parce qu'il n'est rien, après Dieu et la patrie

du ciel, que j'aime plus que toi, ô France, j'éloigne de mon esprit les tristes présages, je détourne mes yeux de tes fautes et de tes malheurs, et, me souvenant que ton cœur a gardé l'amour de la gloire, le goût des belles choses, le mépris des basses actions, les saints enthousiasmes du dévouement, j'appelle sur toi toutes les bénédictions promises à l'aumône et à la piété filiale. N'es-tu pas la terre par excellence de la charité et des bonnes œuvres, la nation qui donne le plus généreusement pour les affaires de Dieu en ce monde, non seulement son or, mais aussi le sang de ses missionnaires, de ses vierges, de ses soldats, de ses martyrs ? Et s'il ne t'est plus permis de couvrir de ton épée les droits et l'indépendance du Saint-Siège, du moins, par la magnificence de tes dons, par les ardeurs et les délicatesses de ta charité, tu mérites toujours de t'appeler la Fille aînée de l'Église.

Non, ô mon pays, tu n'as pas abdiqué ta mission ; non, Dieu ne t'a pas déshérité, et le jour viendra où, reprenant le cours de tes glorieuses destinées, tu marcheras à la tête des peuples, dans tous les progrès et les conquêtes de l'avenir.

# JEANNE D'ARC

## POÉME LYRIQUE EN TROIS PARTIES

PAR

## PAUL ALLARD

*« ..... La France, Messieurs, n'a pas de plus beau poème national que l'histoire même de Jeanne d'Arc : à Domrémy, une pure et fraîche idylle ; à Orléans et à Reims, une brillante épopée ; ici, dans nos murs, un drame sombre et sublime à la fois : le martyre que Jeanne appelait sa grande victoire. Quand on l'a fait mourir, elle n'avait pas vingt ans ; mais Dieu s'est plu à rassembler dans une vie si courte et sur cette jeune fille qui a passé, au ciel de la France, comme une radieuse vision, tout ce qui peut émouvoir et charmer les cœurs. »*

(Mgr THOMAS, Archevêque de Rouen, *Discours sur Jeanne d'Arc*, 6 décembre 1885.)

# PREMIÈRE PARTIE

## LA VOCATION

### CHŒUR DE JEUNES FILLES

Là-bas, dans les taillis de la forêt prochaine,
La voyez-vous, mes sœurs, prier sous le grand chêne
    Dont les rameaux ombragent la fontaine ?
Que son visage est noble et son air gracieux !
Sur son beau front descend une lueur vermeille ;
Son âme d'héroïne et de sainte s'éveille...
Debout, les yeux en pleurs, elle prête l'oreille
    A quelque messager des cieux !

### SAINTE CATHERINE

Jeanne, l'heure a sonné, l'heure de délivrance !
Vois la grande pitié du royaume de France,
Les pauvres paysans foulés par l'étranger,
L'Anglais à mettre en fuite, et l'honneur à venger...

### SAINT MICHEL

Jeanne, Dieu peut donner à la plus humble femme
La voix qu'on obéit, le bras qui sauvera.
Laisse, laisse en ton cœur brûler l'ardente flamme :
Chemine hardiment, la victoire suivra.

SAINTE MARGUERITE

Entre dans Orléans sans trembler, et déploie
Dans les champs de Patay l'étendard triomphant.
Déjà le léopard laisse échapper sa proie :
Le Roi marche vers Reims, guidé par une enfant...

LES TROIS SAINTS

Jeanne, Jeanne, en tes mains Dieu met la délivrance !
Crois au vieux droit, et crois en ta jeune vaillance :
Rends la France aux Français et le Royaume au Roi :
Jeanne, au nom de Jésus, lève-toi, lève-toi !

JEANNE

Je vais où votre voix m'appelle,
O mes saints... La patrie est belle !
Je dois vivre et mourir pour elle,
Je pars... Adieu, vous que j'aimais,
Village où j'ai vu la lumière,
Mes grands bois, ma douce chaumière,
Mon vieux père et ma vieille mère,
Je ne vous reverrai jamais...

LES TROIS SAINTS

Celui que Dieu choisit pour une tâche sainte,
Soldat, libérateur, prêtre, apôtre ou martyr,
Doit affermir son cœur, étouffer toute plainte :
Il est beau de combattre, il est grand de souffrir !

JEANNE

C'est fait!... j'appartiens à la France!
Je lui rapporte l'espérance;
Pour gage de sa délivrance
Je mène à Reims sacrer son Roi.
Renais, France, à ta vieille gloire!
Et s'il faut, après la victoire,
Une victime expiatoire,
Seigneur, Seigneur, acceptez-moi!

# DEUXIÈME PARTIE

## L'ACTION

### RÉCIT

Entrant dans Orléans, qu'elle était grande et belle !
Les soldats frémissants se pressaient autour d'elle,
Les mères lui tendaient leurs enfants à bénir,
Et tous se prosternaient en la voyant venir.

### CHŒUR

Salut à la vierge inspirée !
Les Anglais battaient nos remparts ;
Autour de la cité rôdaient les léopards,
La gueule de sang altérée...

Nous étions vaincus et brisés...
Soudain flottent sous nos murailles,
Au souffle tout puissant du grand Dieu des batailles,
Les étendards fleurdelisés.

Ah ! quel beau cri de délivrance
Mille poitrines ont jeté !
Quand tout semblait perdu, c'était la liberté !
C'était Jeanne ! c'était la France !

### RÉCIT

L'Anglais fuit devant elle, et Jeanne, en combattant,
Entraîne les seigneurs et le prince hésitant,
Le prince dont la foi timide et vacillante
Se ranime en voyant lutter cette vaillante.

### CHŒUR

O plaines de Patay, salut ! car en ce lieu
Où Jeanne, triomphante, à genoux pria Dieu,
Quatre siècles plus tard des soldats dignes d'elle
Voudront vaincre et mourir où vainquit la Pucelle !

### RÉCIT

Jeanne allait en avant, sa bannière à la main :
Les prêtres lui chantaient des hymnes en chemin :
Soldats et chevaliers, courbant leur front farouche,
Recevaient humblement chaque mot de sa bouche.

Tour à tour, par la force ou l'amour emportés,
Devant elle s'ouvraient les châteaux, les cités ;
Les Anglais n'osaient plus tenter de résistance...

Et Reims vit dans ses murs entrer le Roi de France.

### MARCHE ET CHŒUR

Montjoye et saint Denys ! Noël, noël au Roi !
Héroïque Pucelle, honneur et gloire à toi !

O grandes voix d'airain, cloches des cathédrales,
Egrenez sur leurs pas vos notes triomphales,

Car jamais vous n'aurez, des donjons et des tours,
Chanté plus vive joie, annoncé plus beaux jours.

Montjoye et saint Denys! Noël, noël au Roi!
Héroïque Pucelle, honneur et gloire à toi!

Par toi la France est libre, et, dans l'auguste enceinte,
Le Roi vient à l'autel recevoir l'huile sainte,
Le chrême qui consacre, et, pour l'éternité,
Des vrais fils de Clovis marque la royauté.

Montjoye et saint Denys! Noël, noël au Roi!
Héroïque Pucelle, honneur et gloire à toi!

### RÉCIT

La noble basilique a ses habits de fête :
    Partout des drapeaux et des fleurs.
Graves, l'épée en main et la couronne en tête,
    Vêtus d'éclatantes couleurs,
Les douze Pairs, debout, gardent la sainte ampoule,
    Qui jadis descendit des cieux...

Soudain, un long frisson a passé dans la foule;
    Des pleurs coulent de tous les yeux :
Près du trône royal s'avance la Pucelle,
    Embrassant son cher étendard.
Dans ses armes d'acier qu'elle est modeste et belle!
    Que de candeur en son regard!
Elle tombe à genoux, et, d'une voix si claire
    Que tout le peuple l'entendit,
A Charles elle adresse une ardente prière;
    Fondant en larmes, elle dit :

### JEANNE

Gentil Roi, sur ton front coula l'huile bénie.
Dieu m'a, jusqu'à ce jour, conduite par la main ;
Mais je sens, maintenant, ma mission finie :
Laisse-moi de mes bois reprendre le chemin.

Mes vieux parents, courbés par la peine et par l'âge,
Près du foyer désert attendent mon retour ;
Laisse-moi, gentil Roi, revoir mon doux village,
Revoir ma chère église avec sa blanche tour.

Là, je redeviendrai la petite bergère,
L'humble fille des champs, filant et priant Dieu.
Mes compagnes bientôt oublîront la guerrière ;
Toi seul t'en souviendras, mon bon Seigneur... Adieu !

### LE ROI

Non, Jeanne, mes soldats te veulent à leur tête ;
Tu dois conduire encor le drapeau triomphant.
Guerrière, la victoire est une belle fête !
Tu ne partiras pas : ton Roi te le défend.

En avant ! vers Paris pour nous la route s'ouvre !
Tu verras les splendeurs de la noble cité,
La Seine au flot brillant, les tours de mon vieux Louvre,
Les lettres et les arts, la cour, la Royauté !

### JEANNE

Mes voix ?... Je n'entends plus... Serais-je abandonnée
Des célestes amis qui guidèrent mes pas ?

Un voile maintenant couvre ma destinée :
Je voudrais le percer et je ne le peux pas.

Prince, vous avez droit à mon obéissance :
Mais j'entre en frémissant dans cette obscurité...
Où vais-je? à la victoire ou bien à la souffrance?
Que soit faite, ô mon Dieu, ta sainte volonté !

# TROISIÈME PARTIE

## LE MARTYRE

RÉCIT ET CHŒURS

Ecoutez du beffroy les tintements sinistres,
Les clameurs de la foule et ses grondements sourds,
Ecoutez ces affreux roulements des tambours...

Ah! les bourreaux anglais et leurs lâches ministres
Achèvent aujourd'hui l'œuvre d'iniquité!

L'épouvante et l'horreur pèsent sur la cité.

Pâles, les yeux rougis, les hommes et les femmes
Jettent un regard sombre à ces bandits infâmes,
A ces juges maudits, qui, pour trente deniers,
Ont vendu l'innocente, et qu'elle a reniés!

Mais la rumeur grossit comme une mer : les rues
S'emplissent du fracas des hordes accourues,
Du lourd bruit des archers marchant en rang serrés,
Et du piétinement des chevaux effarés.

Puis, comme un ouragan soudain tombe et s'apaise,
Il semble que tout son, que tout souffle se taise;

On entend un silence effrayant... et l'on voit
Passer une charrette où se tiennent, tout droit,
Une femme qui pleure, et près d'elle un vieux prêtre.

*(Marche funèbre)*

Tous ont courbé le front en la voyant paraître,
Et plus d'un Anglais, même en tombant à genoux,
Dit avec des sanglots :

CHŒUR

Jeanne, priez pour nous !

JEANNE

Ah ! Rouen, seras-tu ma dernière demeure ?
Ah ! Rouen, est-ce ici que je devrai mourir ?
De ta sainte promesse, ô mòn Dieu voici l'heure :
Mais je suis faible encore et je crains de souffrir...
Je n'ai pas vingt ans et je pleure...

SAINT MICHEL ET SAINT GABRIEL

Jeanne, Jésus lui-même, avant le sacrifice,
Eût voulu de sa lèvre éloigner le calice ;
Mais de son Père il fit la sainte volonté,
Et t'ouvrit le chemin de l'immortalité.

JEANNE

Mes voix... ce sont mes voix !... douces voix que j'implore,
O saints du paradis, que je n'entendais plus,
Je vous retrouve enfin... Chantez, chantez encore,
Harpes du ciel ! voix des élus !

### SAINTE MARGUERITE ET SAINTE CATHERINE

Jeanne, nous t'apportons une double couronne :
Le lys pur et charmant de la virginité,
Et le bandeau vermeil qu'à celui-là Dieu donne
Qui meurt pour la justice et pour la vérité.

### JEANNE

Non, mes voix ne m'ont pas trompée !
Si jadis, en prenant l'épée,
J'eus foi, sur le bûcher plus que jamais je crois !
O prêtres, pouvez-vous me donner une croix ?
Je veux de mon Jésus contempler le visage,
Je veux de mon Sauveur baiser encor l'image
Pour la dernière fois !

### RÉCIT

Un Anglais à ces mots eut l'âme remuée.
Bravant de ses bourreaux la menace et la huée,
Aux fagots du bûcher il prit un peu de bois,
Et façonna pour elle une petite croix.

Jeanne dévotement la mit dans sa poitrine.

Bientôt l'huissier Massieu, de l'église voisine
Apporte un crucifix : la vierge longuement
Le contemple, le baise encor, jusqu'au moment
Où le boureau sous elle eut attisé la flamme.
Alors frère Martin au pied de l'échafaud
Porta l'image sainte et l'éleva bien haut.

Jeanne y tenait fixés ses regards et son âme ;
Sa face rayonnait, et tous les spectateurs,
En l'entendant parler à Dieu, versaient des pleurs.
L'horreur et la pitié s'exprimaient sans contrainte,
Les Français librement exhalaient leurs douleurs,
Et des Anglais disaient :

CHŒUR

Nous brûlons une sainte !

JEANNE

Seigneur, pardonnez-moi, car je pardonne à tous !
Je comprends maintenant combien mourir est doux,
Et Jésus, sur la croix conservant son sourire,
Appelle dans ses bras la pauvre enfant martyre !

Mais quoi ! la flamme monte, et je vois tout en feu...
Est-ce l'aube déjà des clartés éternelles ?
A mon cœur défaillant je sens pousser des ailes...
Mon âme se détache... et s'envole vers Dieu...

CHŒUR

Pour nous, pauvres pécheurs, ô Jeanne, priez Dieu !

RÉCIT ET CHŒURS

Quand le bourreau tremblant vint recueillir la cendre,
Il trouva, palpitant sur le bois enflammé,
Le cœur de la martyre encor vermeil et tendre :
Ni soufre ni charbon ne l'avaient consumé.

Ah ! ce cœur vit toujours, et toujours pour la France,
Comme aux siècles lointains où Jeanne a combattu,
D'un immortel élan d'amour et d'espérance
Depuis quatre cents ans ce grand cœur a battu.

Depuis quatre cents ans nos douleurs et nos gloires
Comme un vivant écho retentissent en lui ;
Il tressaillait jadis au bruit de nos victoires :
Cœur français et lorrain, comme il saigne aujourd'hui !

Mais il garde l'espoir... Quand l'avenir se voile,
Quand tout semble obscurci, la foi, les mœurs, les lois,
De Jeanne à l'horizon monte la blanche étoile :
Sachons lever vers elle et nos yeux et nos voix.

CHŒUR

Du sein de la lumière
Daigne, ô vierge, ô guerrière,
Ecouter la prière
D'un peuple racheté :
Achève ton ouvrage,
Et garde, d'âge en âge,
Notre vieil héritage
D'honneur, de liberté.

Rends-nous les vertus fières,
Et les foyers austères,
Et les mœurs de nos pères,
Et leur antique foi,

Pour refaire, ô vaillante!
O sublime voyante!
Une France croyante
Et brave comme toi.

# NOTES



## TROISIÈME PARTIE

---

**Page 55.**    *Jettent un regard sombre à ces bandits infâmes,*
*A ces juges maudits...*

« Les juges et leurs adhérents furent notés par la population : on les montrait avec horreur. » Déposition de Guillaume Colles ou Boisguillaume. Enquête de 1452, dans Quicherat, *Procès de condamnation et de réhabilitation de Jeanne d'Arc*, t. III, p. 165, et O'Reilly, *Les deux procès de condamnation, les enquêtes et la réhabilitation de Jeanne d'Arc*, t. II, p. 469.

**Page 55.** . . . . . . . . . *Qui pour trente deniers*
*Ont vendu l'innocente.....*

« Le tribunal entier était à la solde de l'Angleterre. » Sepet, *Jeanne d'Arc*, p. 264. « L'exacte comptabilité de l'Angleterre en donne la preuve pour chacun par livres et par sous. » Wallon, *Jeanne d'Arc*, p. 229. Voir dans Quicherat, t. V, p. 194-209, et dans O'Reilly, t. I, p. 38-41, 55-60, les quittances constatant les indemnités et gratifications octroyées à Pierre Cauchon et aux six membres de l'Université de Paris

mandés pour le procès. « En résumé, les universitaires ont, à eux six,
reçu pendant le procès sept cent cinquante livres tournois, soit trente
mille francs valeur actuelle, et ce en dehors des bénéfices, émoluments,
faveurs et hauts emplois dont ils furent comblés. » O'Reilly, t. I, p. 60.
Le même auteur calcule (hypothétiquement, il est vrai) que, du 1ᵉʳ mai
1430 au 30 juin 1431, Pierre Cauchon peut avoir touché des Anglais
une somme équivalant à plus de cent mille francs de notre monnaie.
*Ibid.,* p. 41.


Page 55. . . . . . . . . . . . . . . . . . . *Les rues*
       *S'emplissent du fracas des hordes accourues,*
          *Du lourd bruit des archers.....*


« Dict qu'il veict amener ladicte Jehanne à l'escherffaut, et y avoit·
le nombre de sept à huit cens hommes de guerre autour elle, portans
glaives et bastons... » Déposition de Manchon, Préliminaires de la réhabilitation, dans Quicherat, t. II, p. 14, et O'Reilly, t. II, p. 457.
*Cf.* déposition de Massieu; Quicherat, t. II, p. 19, et O'Reilly, t. II,
p. 456. M. Quicherat, t. II, p. 19, note, et M. de Beaurepaire, *Mémoire
sur le lieu du supplice de Jeanne d'Arc,* dans le *Précis de l'Académie de
Rouen,* 1867, p. 169, pensent que le chiffre de huit cens a été mal lu sur
le manuscrit, et que le texte primitif portait seulement VIII XX,
huit vingt, cent soixante.

Page 56.   *Ah! Rouen, seras-tu ma dernière demeure ?*
          *Ah! Rouen, est-ce ici que je devrai mourir ?*


« Entre autres paroles entendit Jeanne disant : *Ha! Rouen, Rouen,
seras-tu ma maison?* » Déposition de Daron, enquête de 1452, dans
Quicherat, t. III, p. 202, et O'Reilly, t. II, p. 457.
« Elle disait : *Rouen, Rouen, mourray-je cy ?* » Déposition de Marguerite, dans Quicherat, t. III, p. 185, et O'Reilly, t. II, p. 456.

**Page 56.** *De ta sainte promesse, ô mon Dieu, voici l'heure !*

Dans l'interrogatoire du 14 mars 1431, Jeanne déclare que Dieu, par l'intermédiaire de sainte Catherine, lui a promis la délivrance et la victoire ; mais son langage trahit l'incertitude : elle hésite à entendre la promesse dans le sens de la délivrance matérielle ou de la délivrance par le martyre, et s'en rapporte à Dieu. Voir Quicherat, t. I, p. 155, et O'Reilly, t. II, p. 125. « Jeanne, dit M. O'Reilly, comprendra au jour suprême, ce jour-là se dissiperont les nuages qui lui cachaient la vérité. »

**Page 57.** *Non, mes voix ne m'ont pas trompée !*

« Toujours, jusqu'à la fin de sa vie, elle a maintenu et affirmé que ses voix étaient de Dieu, que tout ce qu'elle avait fait l'avait été par l'ordre de Dieu ; elle ne croyait pas avoir été trompée par ses voix, et assurait que toutes les révélations qu'elles avaient eues étaient de Dieu. » Déposition de Martin Ladvenu, enquête de 1452, dans Quicherat, t. III, p. 170 ; O'Reilly, t. II, p. 469.

« ... Elle ne nomma plus que Dieu, que ses anges et ses saintes. Elle leur rendit témoignage : « Oui, mes voix étaient de Dieu, mes voix ne m'ont pas trompée !... » Que toute incertitude ait cessé dans les flammes, cela nous doit faire croire qu'elle accepta la mort pour la *délivrance* promise, qu'elle n'entendit plus le *salut* au sens judaïque et matériel, comme elle avait fait jusque-là, qu'elle vit clair enfin, et que, sortant des ombres, elle obtint ce qui lui manquait encore de lumière et de sainteté. » Michelet, *Histoire de France*, t. VI, p. 285.

**Page 57.** *O prêtres, pouvez-vous me donner une croix ?*

« Dict que la piteuse femme lui demanda, requist et supplia humblement, ainsi qu'il estoit près d'elle en sa fin, qu'il allast en l'église prouchaine et qu'il lui apportast la croix, pour la tenir eslevée tout droit devant ses yeux jusques au pas de la mort, afin que la croix où Dieu

pendist fust en sa vie continuellement devant sa vue. » Déposition
d'Isambert de la Pierre, Préliminaires de la réhabilitation, dans Quicherat, t. II, p. 6, et O'Reilly, t. II, p. 466.

« A grande dévocion demanda à avoir la croix. » Déposition de
Massieu, *ibid.*, dans Quicherat, p. 20; O'Reilly, t. II, p. 467.

Page 57.    *Un Anglais, à ces mots, eut l'âme remuée,*

*. . . . . . . . . . . . . . . . . . . . . . . . .*

*. . . . . . et façonna pour elle une petite croix.*
*Jeanne dévotement la mit dans sa poitrine.*

« Et ce oyant un Anglois qui estoit là présent, en feit une petite de
boys du bout d'un baston qu'il lui bailla; et devotement la receut et la
baisa, en faisant piteuses lamentacions et recognicions à Dieu nostre
redempteur qui avoit souffert en la croix pour nostre redempcion; de
laquelle croix elle avoit le signe et représentacion et mit icelle croix en
son sain, entre sa chair et ses vestemens. » Déposition de Massieu, *ibid.*,
dans Quicherat, t. II, p. 20, et O'Reilly, t. II, p. 467.

Page 57.    *Bientôt l'huissier Massieu de l'église voisine*
*Apporte un crucifix.....*

« Et oultre demanda humblement à cellui qui parle, qu'il lui feis
avoir la croix de l'église, afin que continuellement elle la puist veoir
jusques à la mort. Et celluy qui parle feit tant que le clerc de la
paroisse de Sainct-Saulveur lui apporta; laquelle apportée, elle l'em-
brassa moult estroitement et longuement... » Déposition de Massieu;
*ibid.* — Jean Massieu était prêtre et doyen de la Chrétienté de Rouen,
doyenné composé des paroisses de la ville et des environs; il fut, au
début du procès, nommé par Cauchon exécuteur de ses mandements et
ordres de citation. M. de Beaurepaire, dans ses savantes *Recherches sur
le procès de condamnation de Jeanne d'Arc,* trace de lui un portrait peu
favorable. *Précis de l'Académie de Rouen,* 1868, p. 435.

**Page 57.** *Alors frère Martin au pied de l'échafaud*
*Porta l'image sainte, et l'éleva bien haut.*

« Lorsque Jeanne vit le feu, elle dit à celui qui parle de descendre, et de lever haut la croix du Seigneur, ce qu'il fit. »
Déposition de Martin Ladvenu, Enquête de 1452, dans Quicherat, t. III, p. 169, et O'Reilly, t. II, p. 466.

**Page 58.** . . . . . . . . . . . *Tous les spectateurs,*
*En l'entendant parler à Dieu, versaient des pleurs.*

Dépositions de Boisguillaume, de Manchon, d'Isambert de la Pierre, de Marguerie, de Jean Le Febvre, de Massieu, de Pierre Migier, de Jean de Mailly, de Pierre Boucher, de Le Parmentier, de Jean Marcel, de Guesdon. — Quicherat, O'Reilly, *passim.*

« La plupart des assistants, qui étaient là au nombre de dix mille, pleuraient et versaient des larmes... » Boucher, dans Quicherat, t. II, p. 324, et O'Reilly, t. II, p. 466.

**Page 58.** *L'horreur et la pitié s'exprimaient sans contrainte.*

« La plupart des assistants se lamentaient, disant qu'on agissait envers elle par haine et injustement. » Déposition de Migier, dans Quicherat, t. II, p. 301, et O'Reilly, t. II, p. 462.
« Le peuple murmurait que Jeanne était victime d'une grande injure et d'une grande injustice. » Déposition de Cusquel, dans Quicherat, t. I, p. 306-347, et O'Reilly, t. II, p. 469.

**Page 58.** *Et des Anglais disaient : Nous brûlons une sainte.*

« Maître Jean Tressart, secrétaire du roi d'Angleterre, pleurant et se lamentant, disait : « Nous sommes tous perdus, car une sainte a été brûlée! » Déposition de Cusquel, dans Quicherat, t. II, p. 347, et O'Reilly, t. II, p. 471.

« L'après-midi, le bourreau vint au couvent des Frères Prêcheurs, et dit au déposant, ainsi qu'au frère Martin Ladvenu : « Je crains fort d'être damné ; j'ai brûlé une sainte ! » Déposition d'Isambert de la Pierre, dans Quicherat, t. II, p. 352, et O'Reilly, t. II, p. 471.

### Page 58. *Seigneur, pardonnez-moi, car je pardonne à tous.*

« Montra grans signes et evidences et cleres apparences de sa contricion, pénitence et ferveur de foy,... requérant à toutes manières de gens, de quelques condicions ou estat qu'ilz feussent, tant de son party que d'autre, mercy très humblement, en requérant qu'ils voulsissent prier pour elle, en leur pardonnant le mal qu'ils lui avoient fait..... Déposition de Massieu, Préliminaires de la réhabilitation, dans Quicherat, t. II, p. 19, et O'Reilly, t. II, p. 461.

### Page 58. *Quand le bourreau tremblant vint recueillir la cendre.*

« Les cendres, et tout ce qui restait d'elle, fut recueilli par le bourreau et jeté dans la Seine. » Dépositions de Ricquier, de Guesdon, de Cusquel, de Daron, de Le Parmentier, de Marguerie, de Jean Ricquier. Quicherat, O'Reilly, *passim.*

### Page 58. *Ni soufre ni charbon ne l'avaient consumé.*

« Disoit et affermoit le dit bourreau que, nonobstant l'huile, le soufre et le charbon qu'il avait appliquez contre les entrailles et le cueur de ladite Jehanne, toute foys il n'avait pu aucunement consommer ne rendre en cendres les breuilles ne le cœur ; de quoy estoit autant estonné comme d'un miracle tout évident. » Déposition d'Isambert de la Pierre, Préliminaires de la réhabilitation, dans Quicherat, t. II, p. 472.